Para todas as crianças inspiradoras,
Este livro é dedicado a vocês, os pequenos artistas que dão vida ao mundo com suas cores e imaginação.
Com amor,

matheus silva

2024

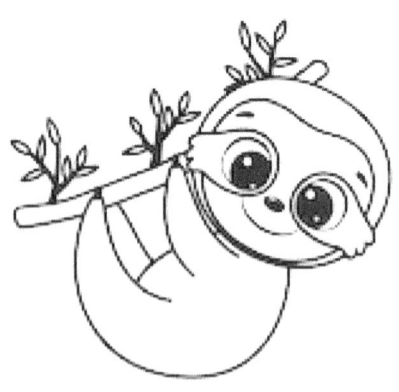
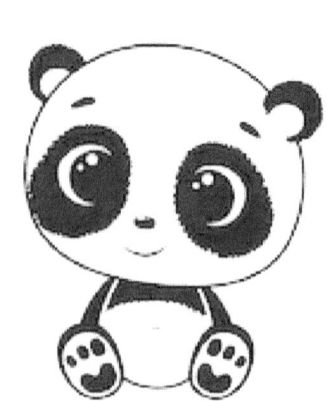

Este Livro Pertence a:

_____

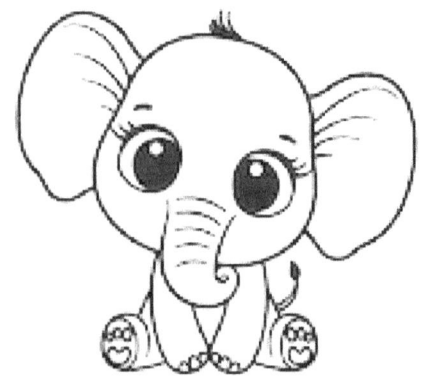
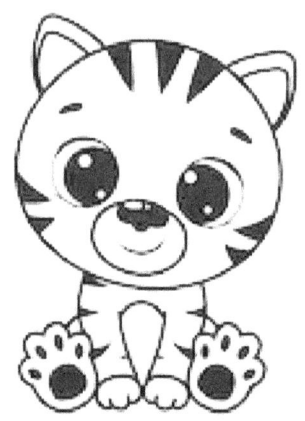

TODOS OS DIREITOS RESERVADOS

2024

Nenhuma parte desta publicação pode ser reproduzida, distribuída ou transmitida de qualquer forma ou por qualquer meio, incluindo fotocópia, gravação ou outros métodos eletrônicos ou mecânicos, sem a permissão prévia por escrito do editor, exceto breves citações incorporadas em resenhas críticas. e outros usos não comerciais específicos. Qualquer réplica não autorizada desta obra é proibida.

M.S.P©
PUBLICAÇOES MATHEUS SILVA

Página de Teste de cores

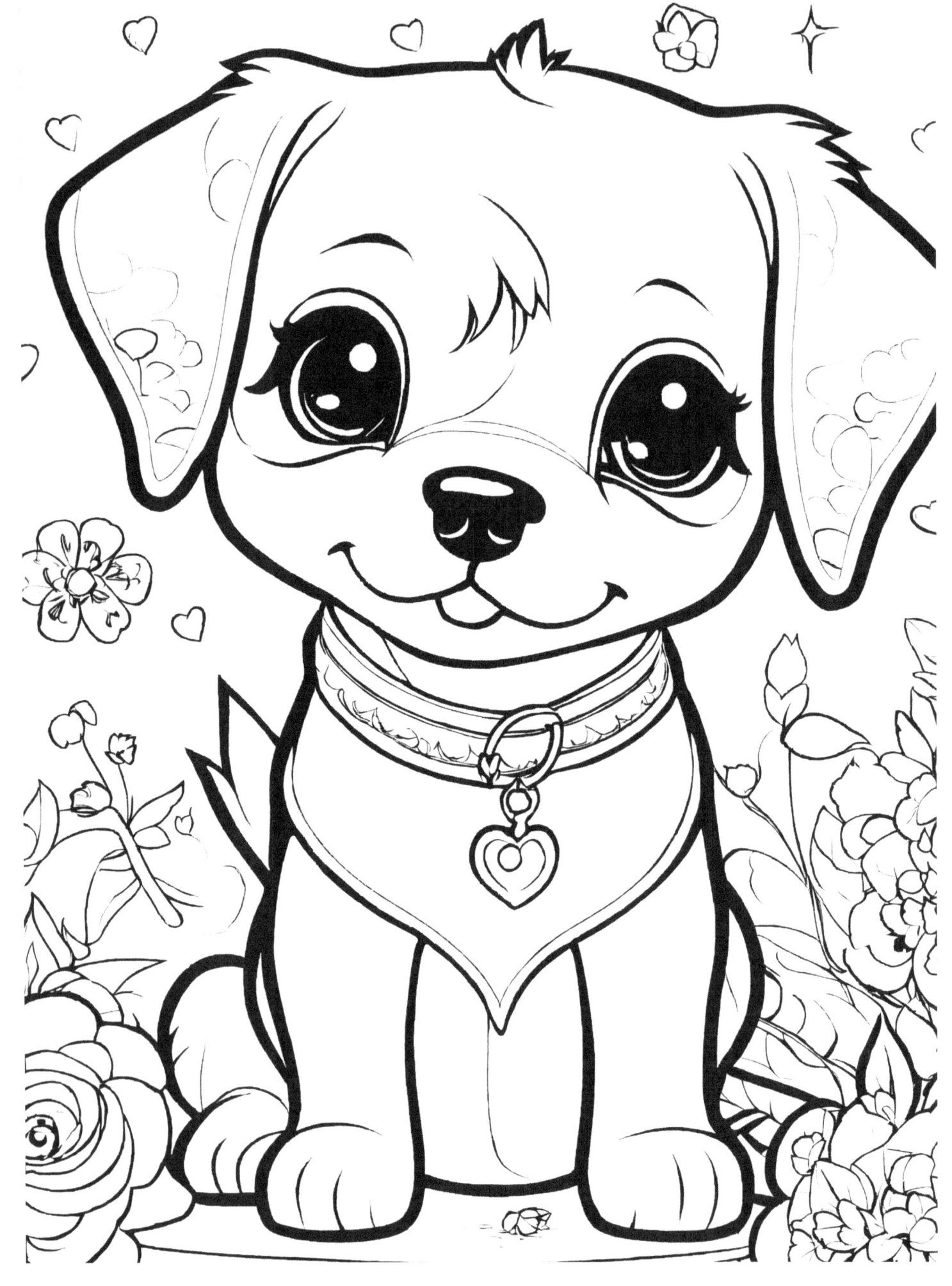

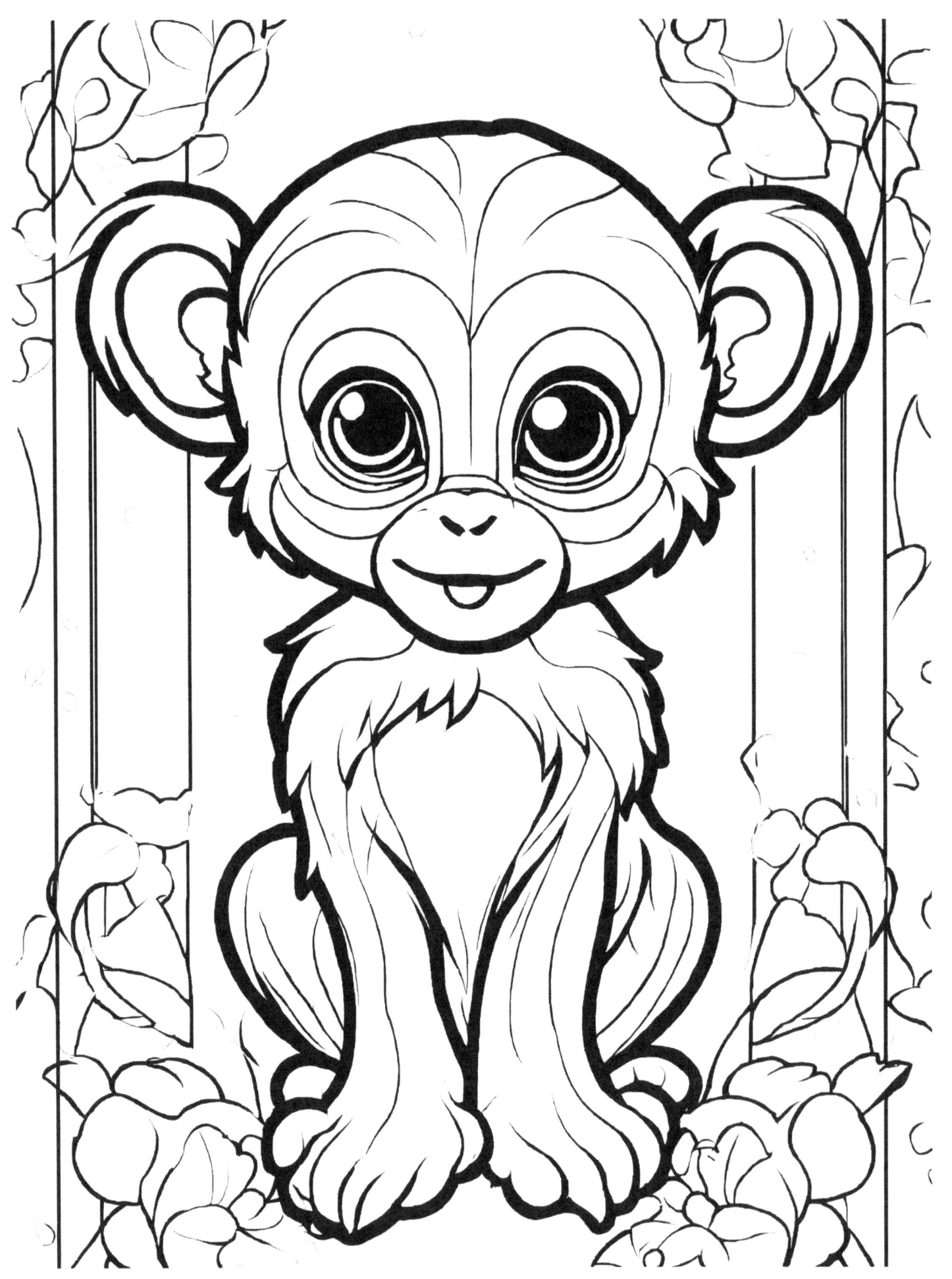

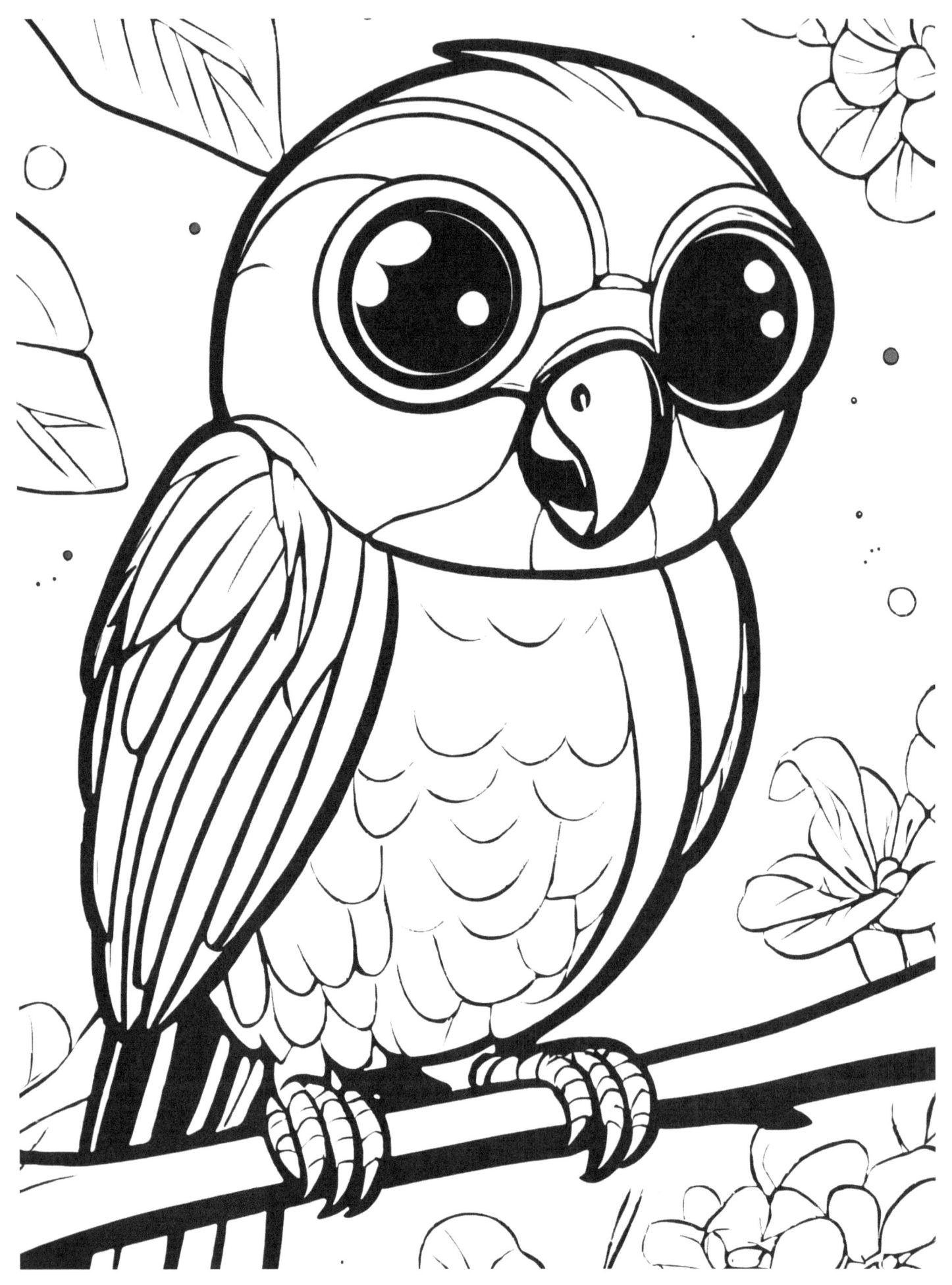

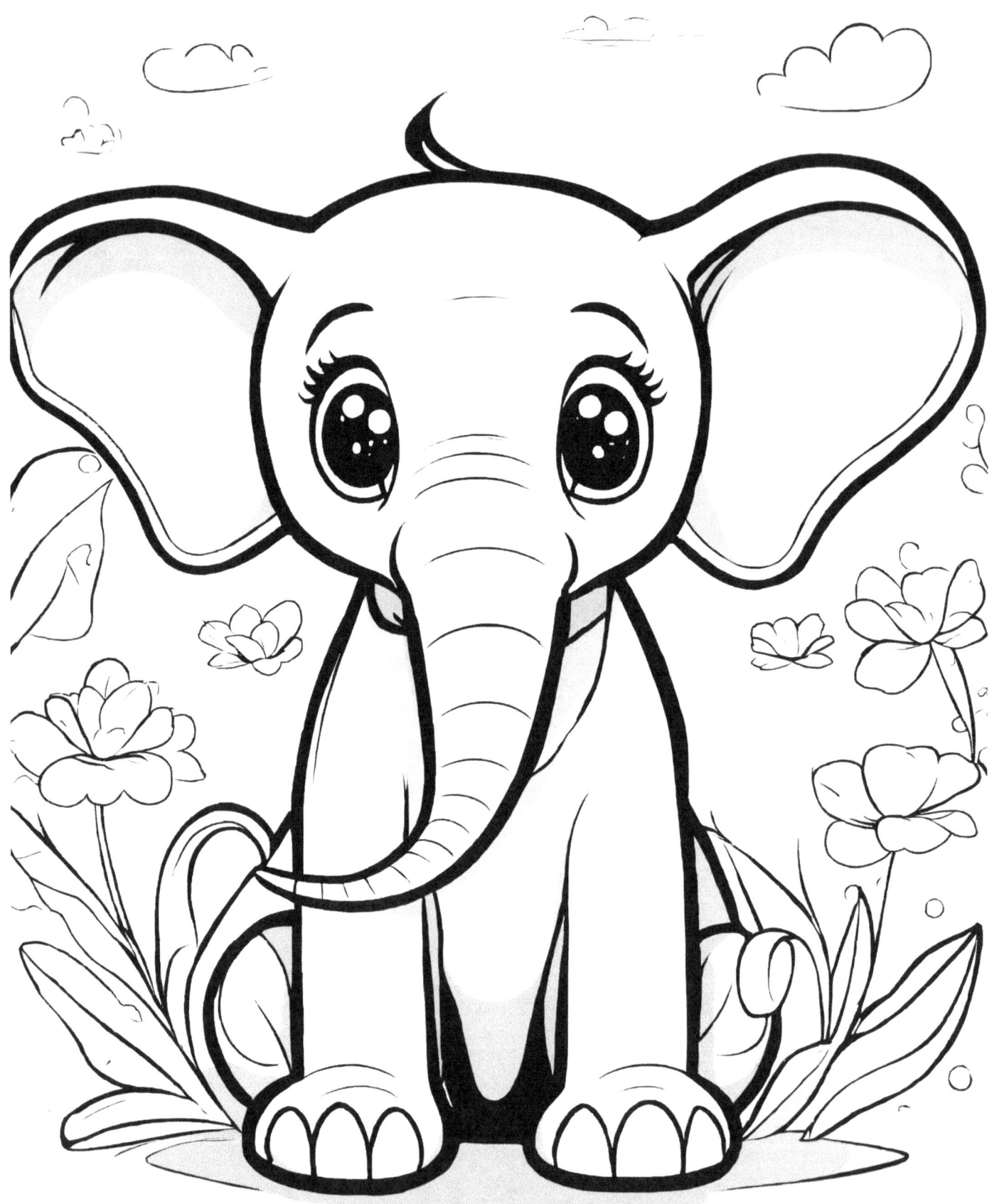

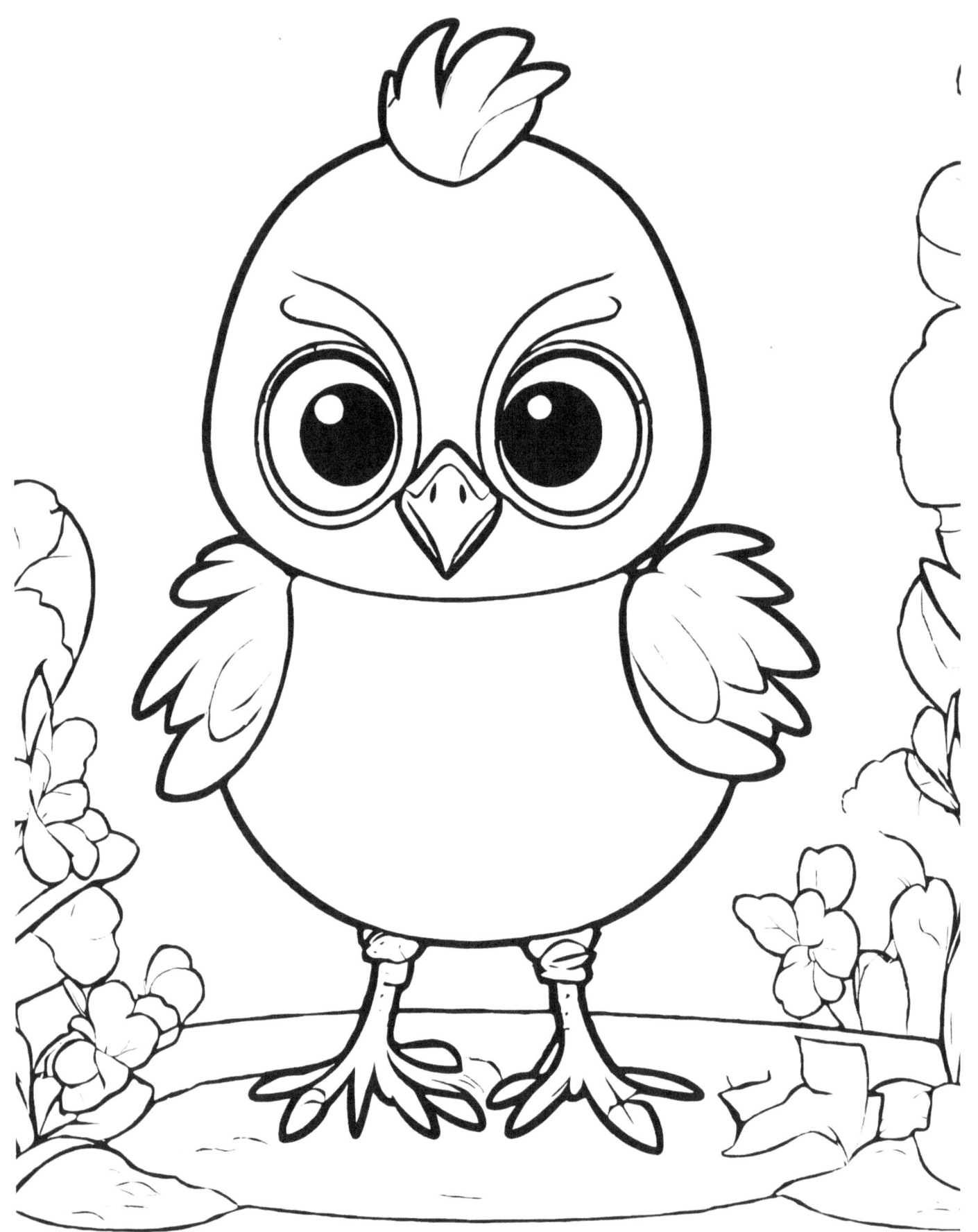

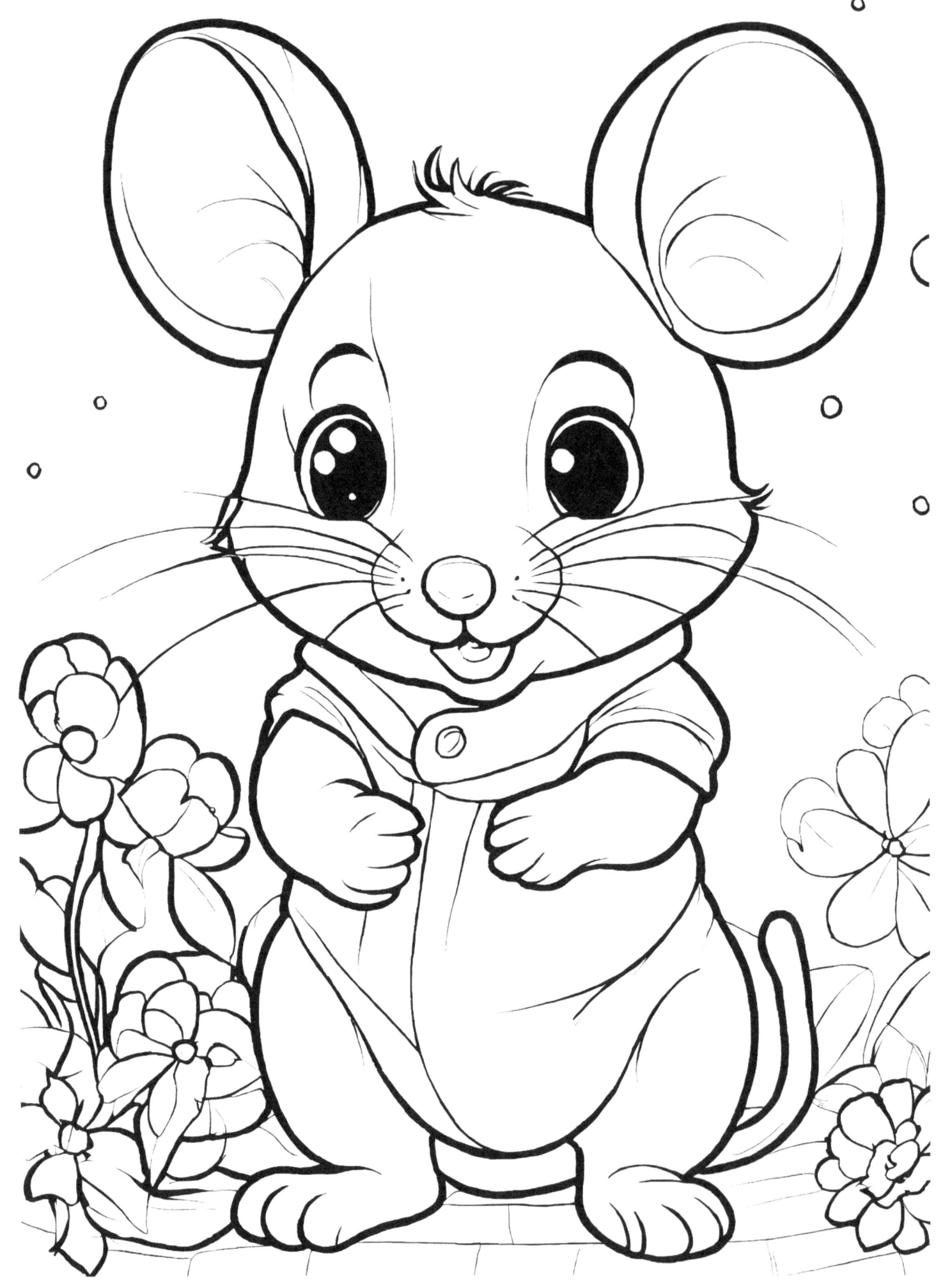

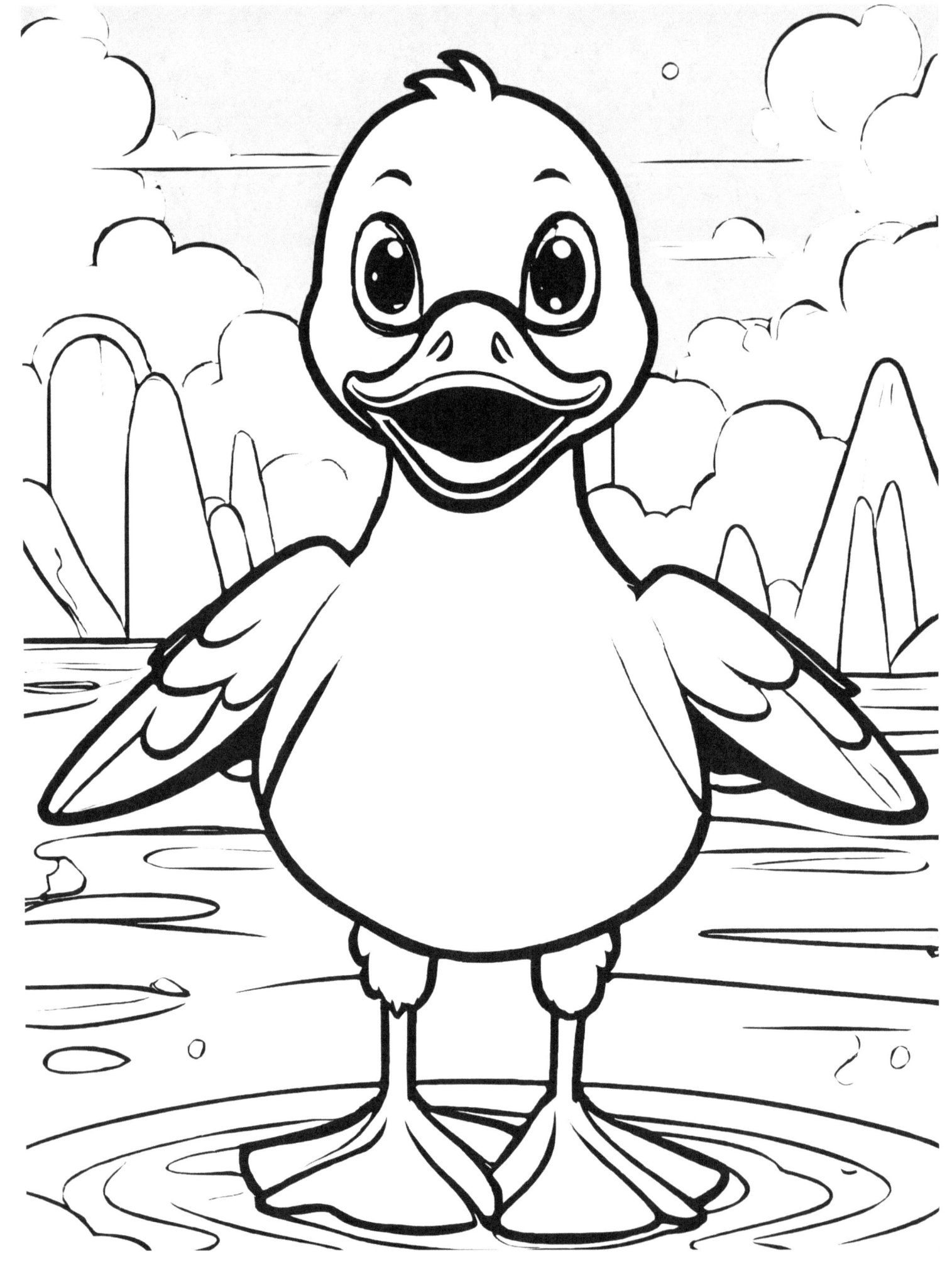

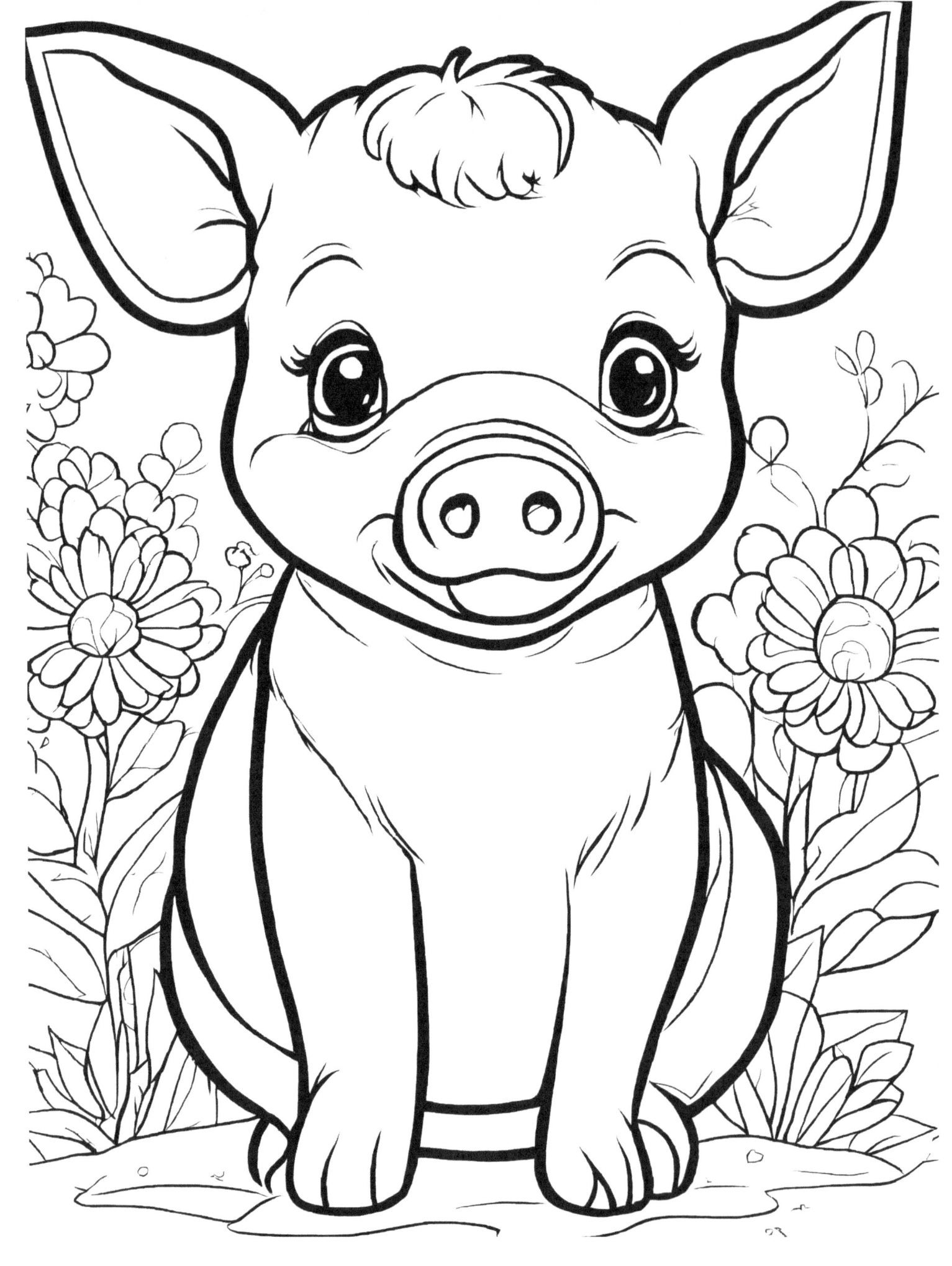

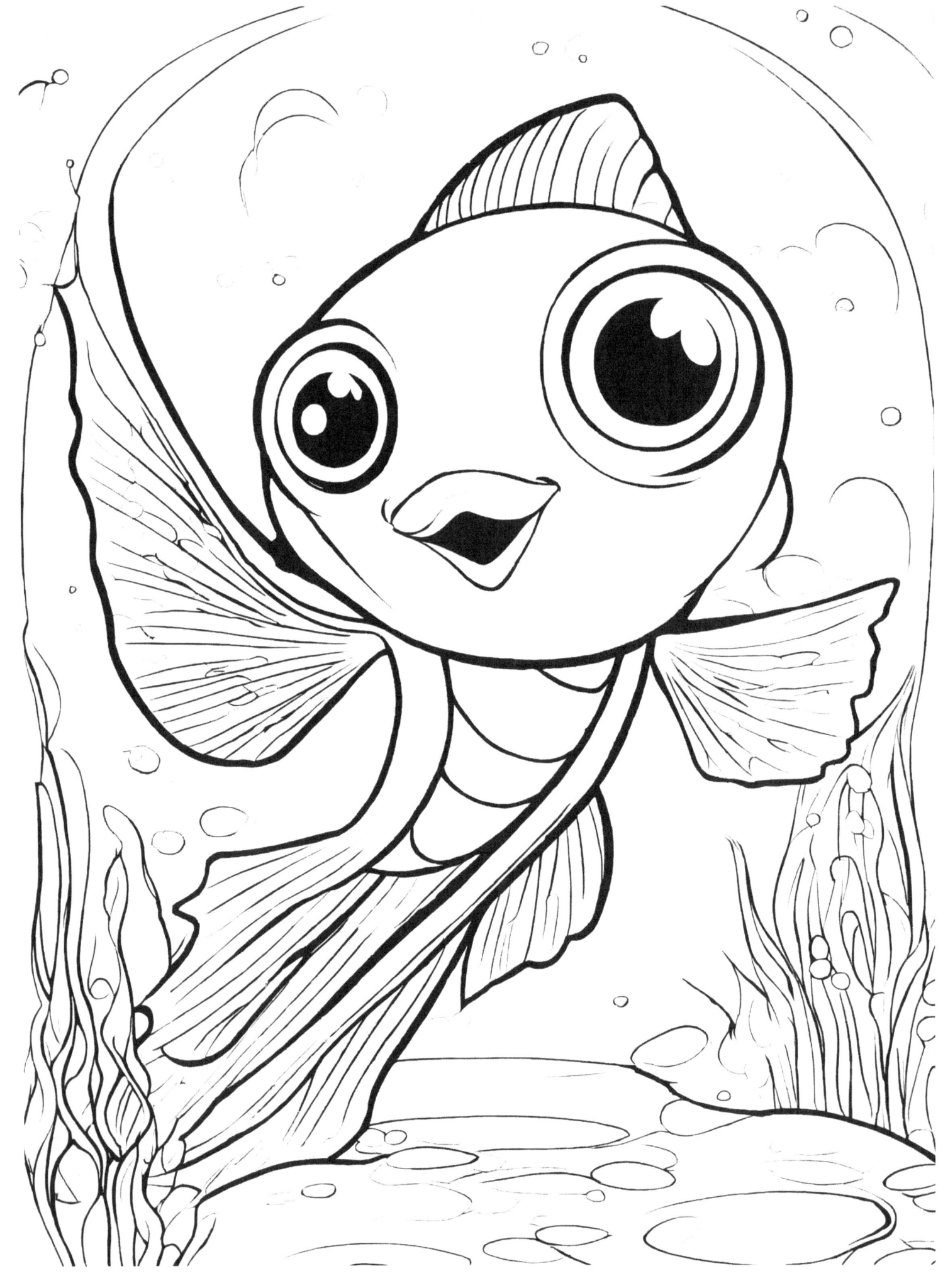

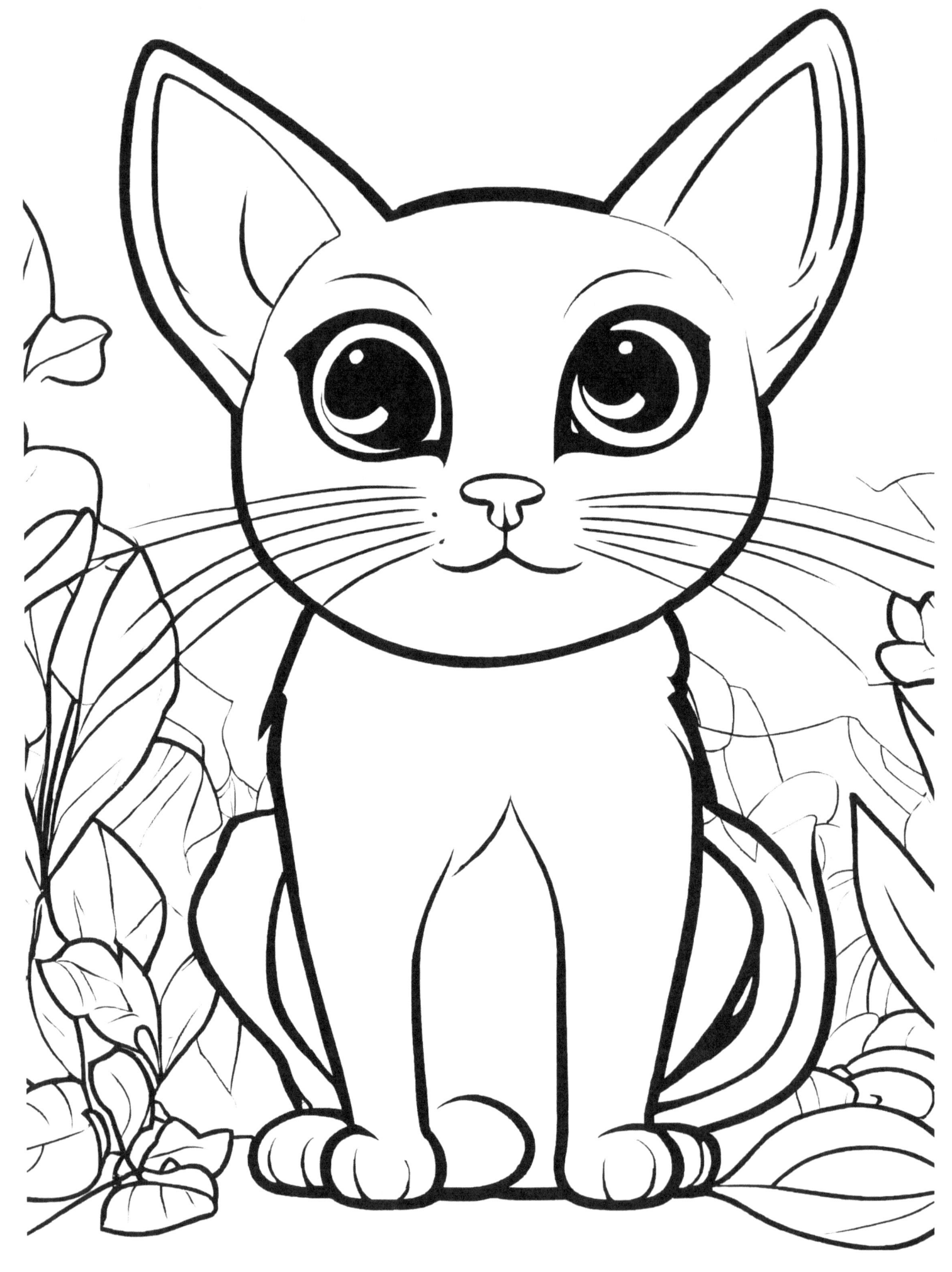

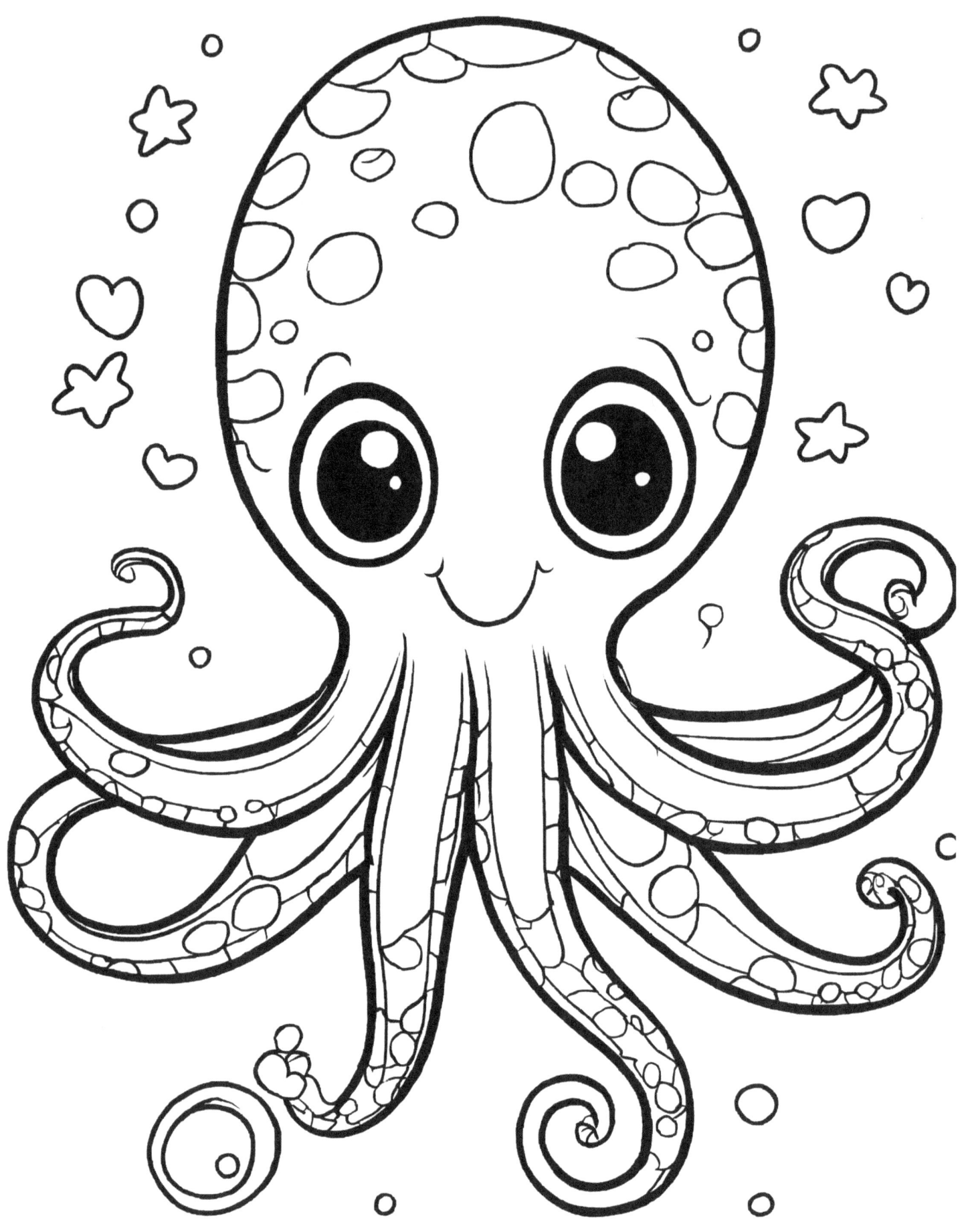

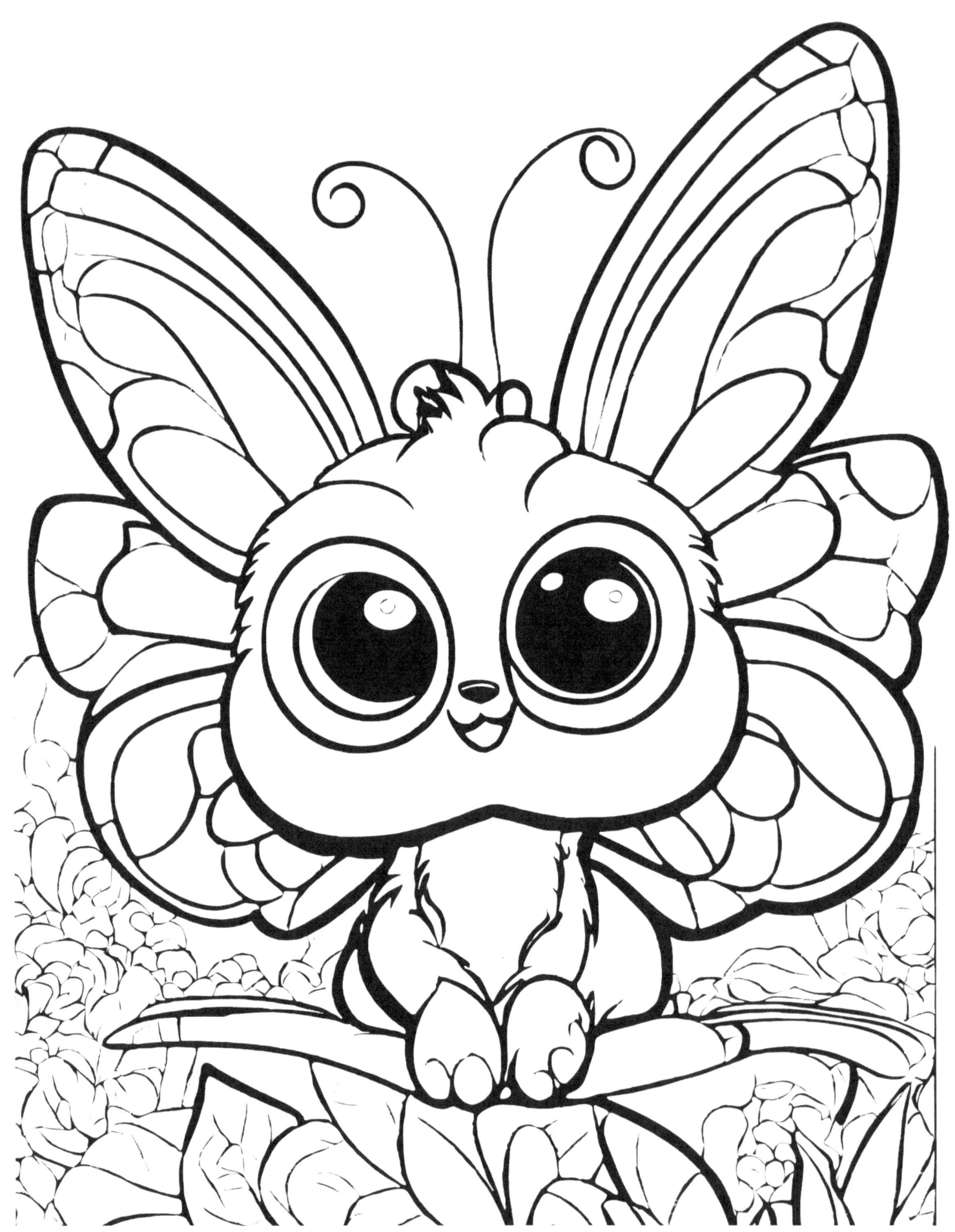

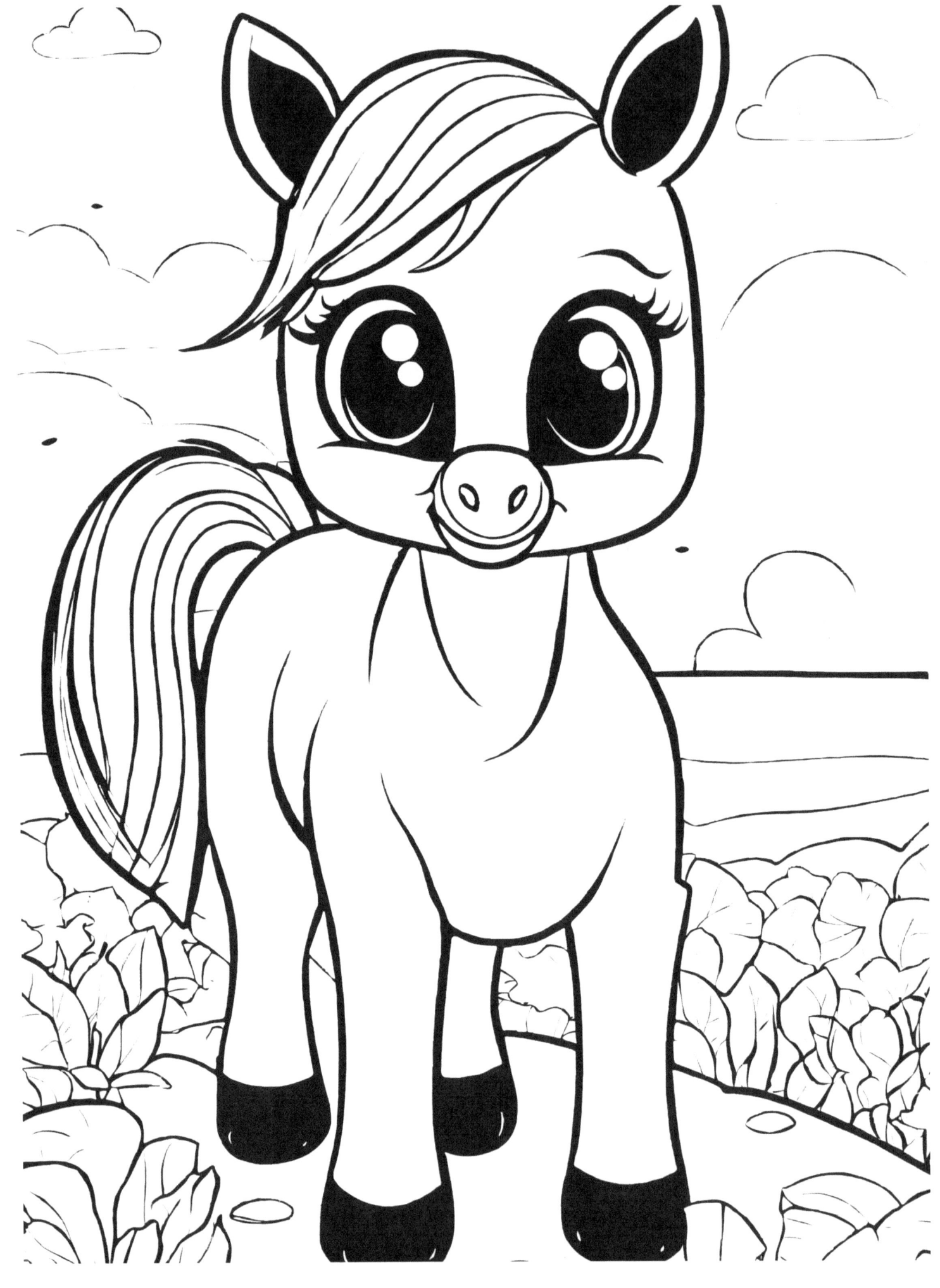

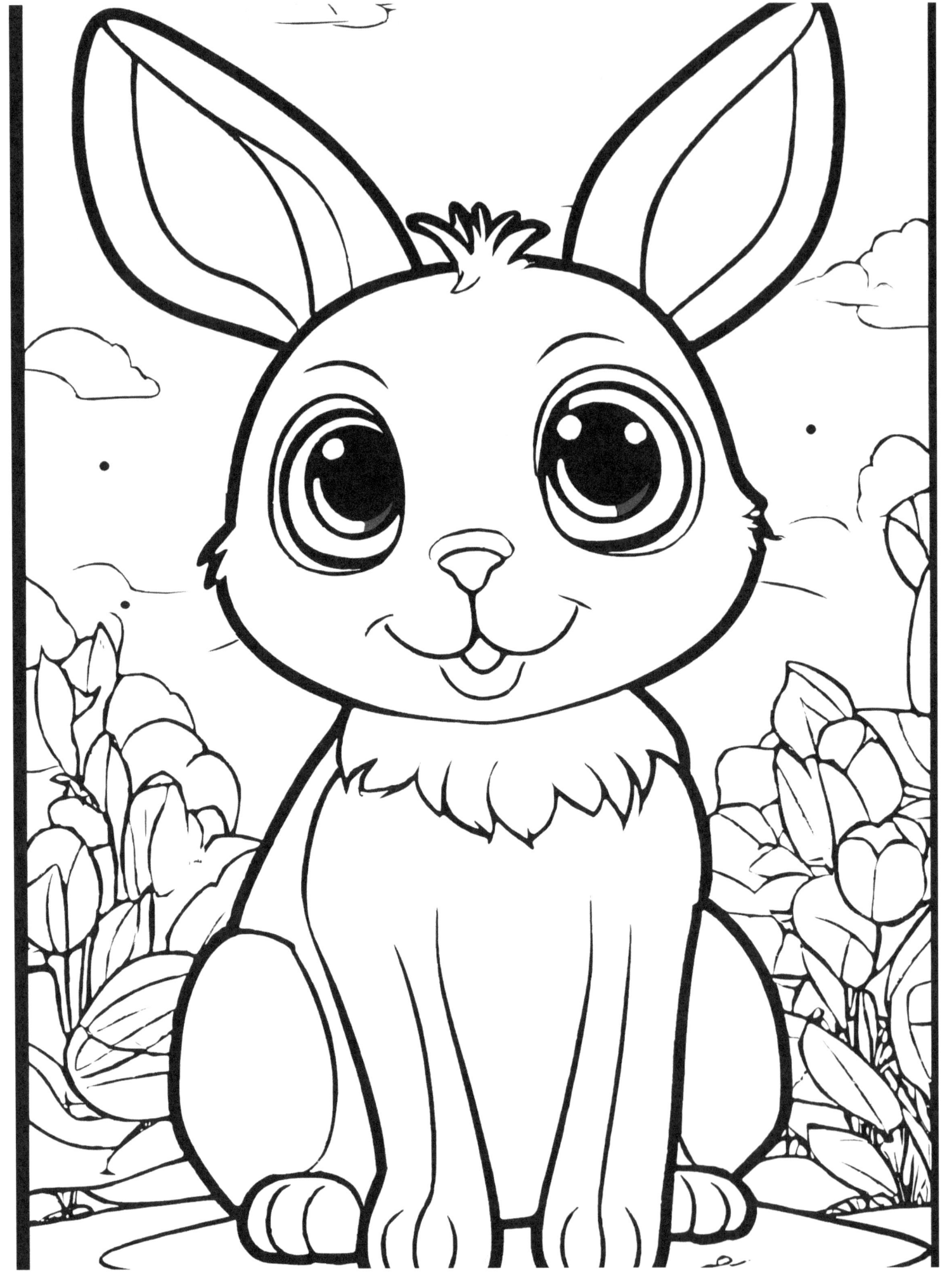

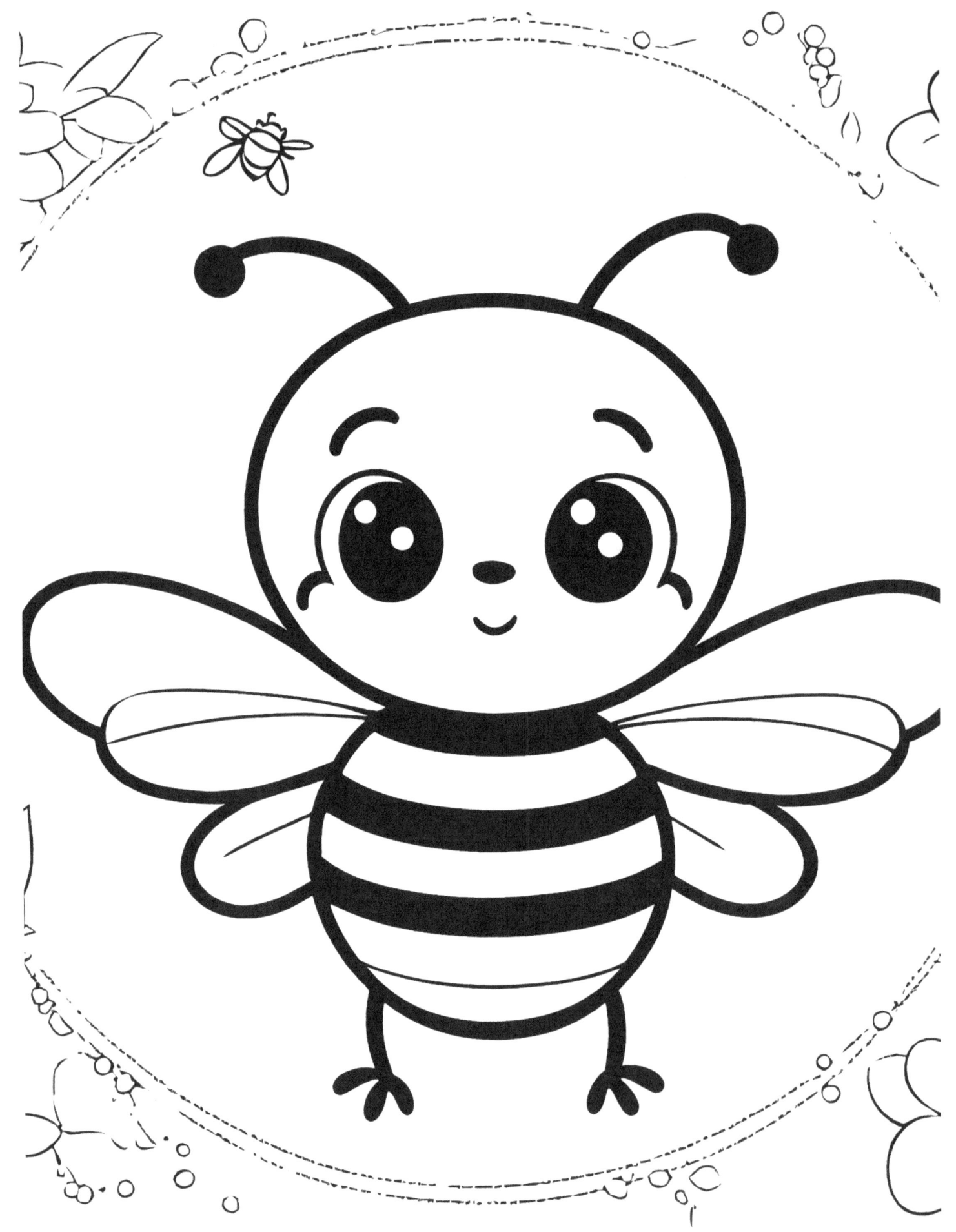

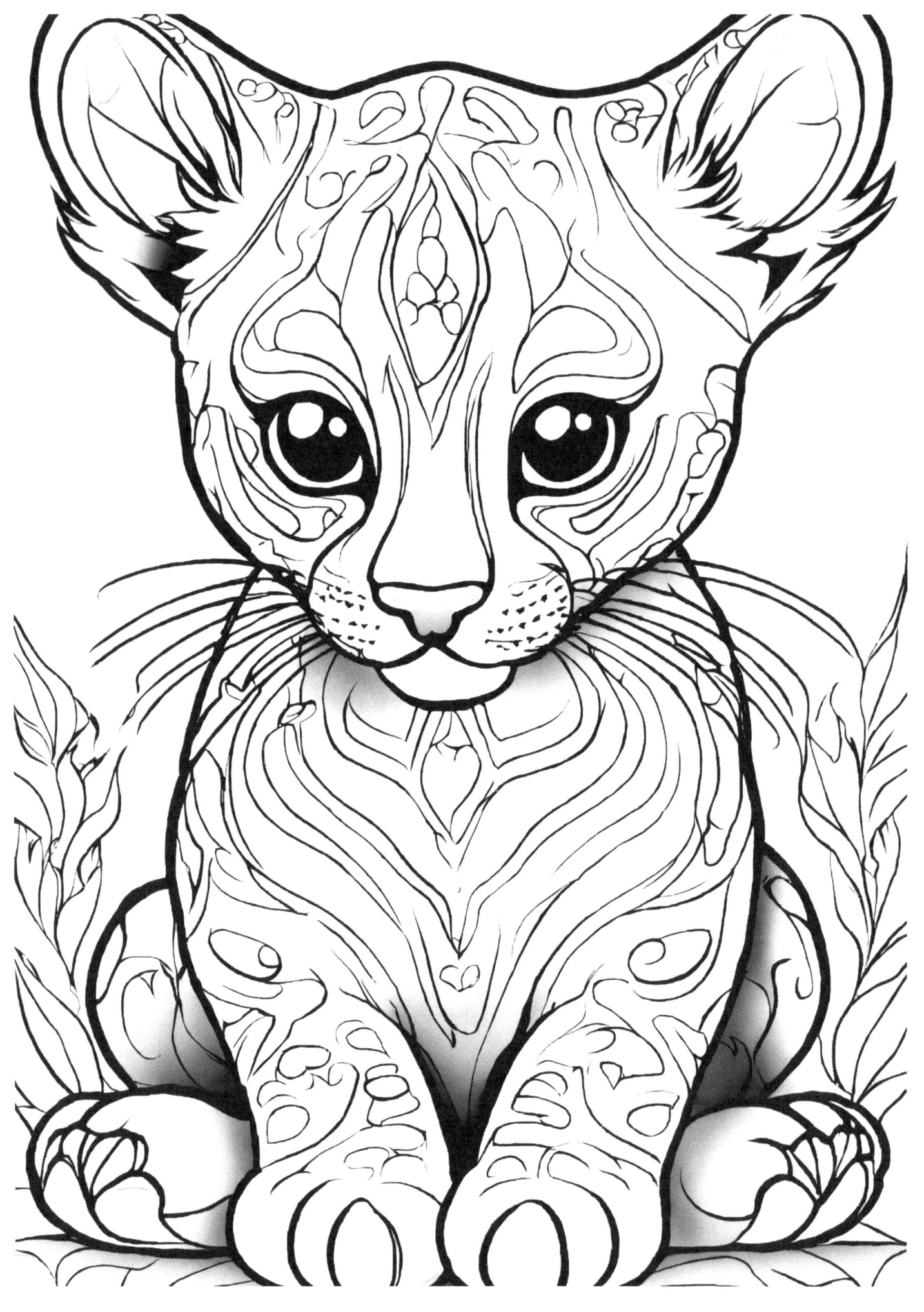

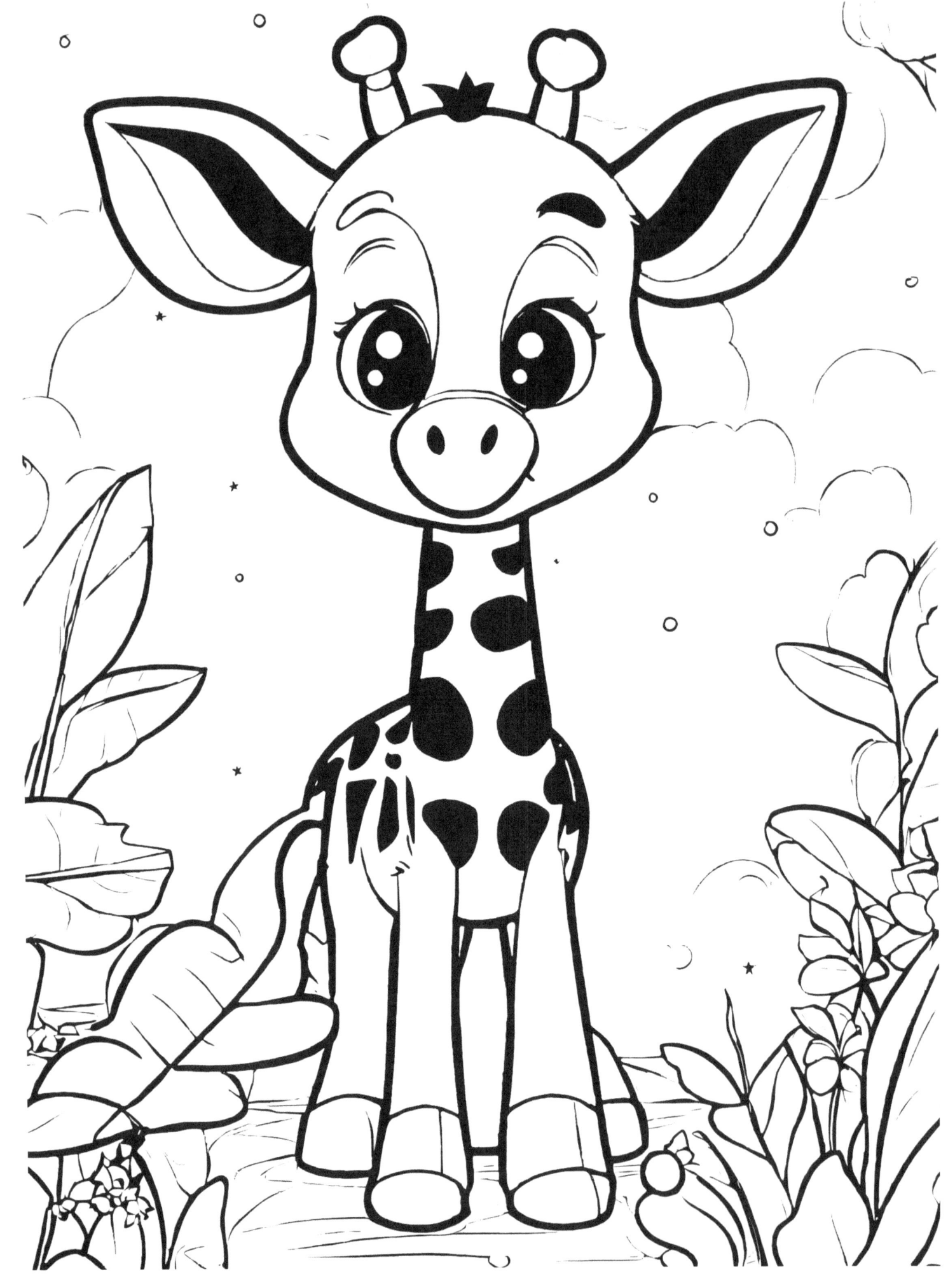

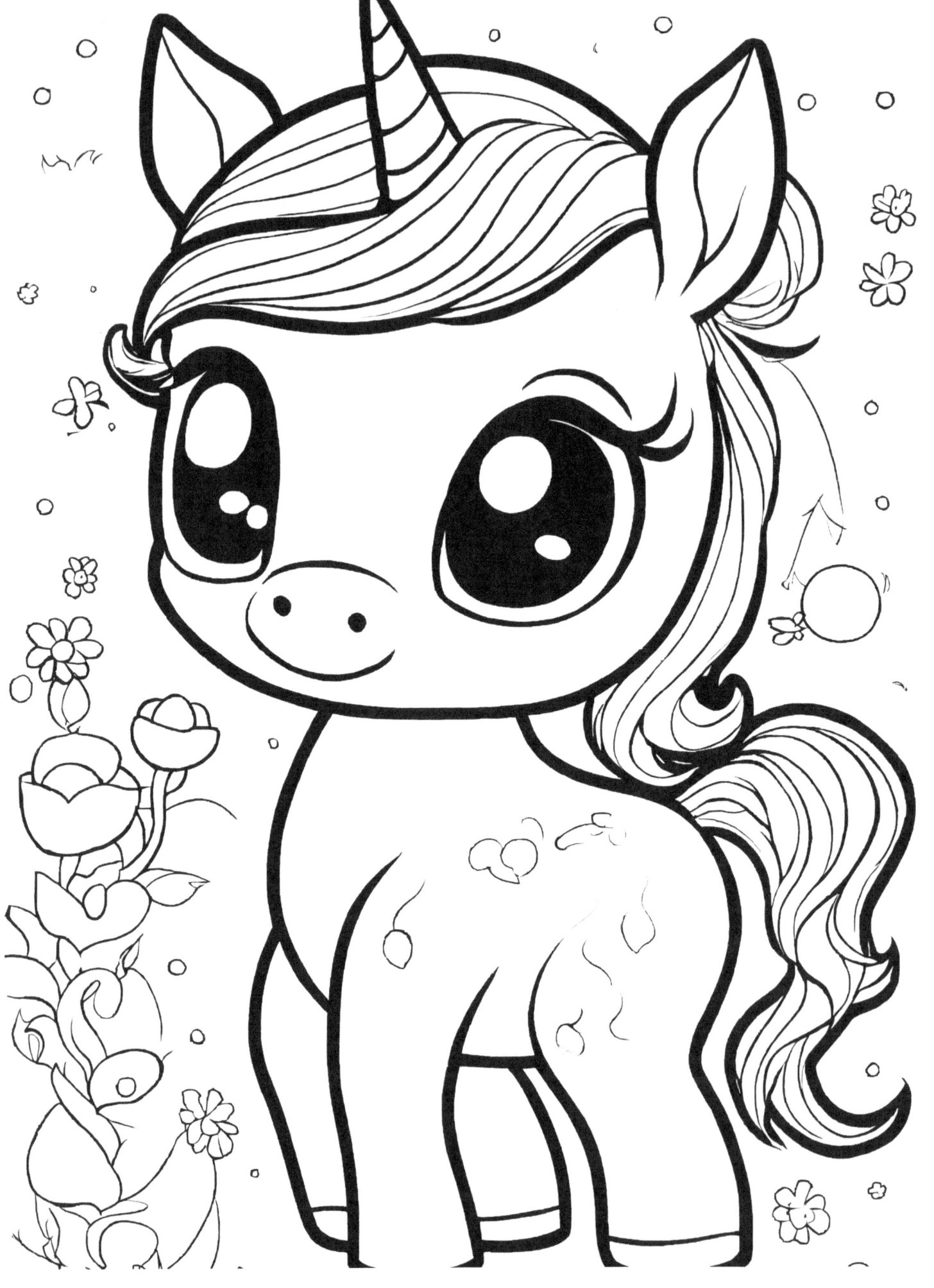

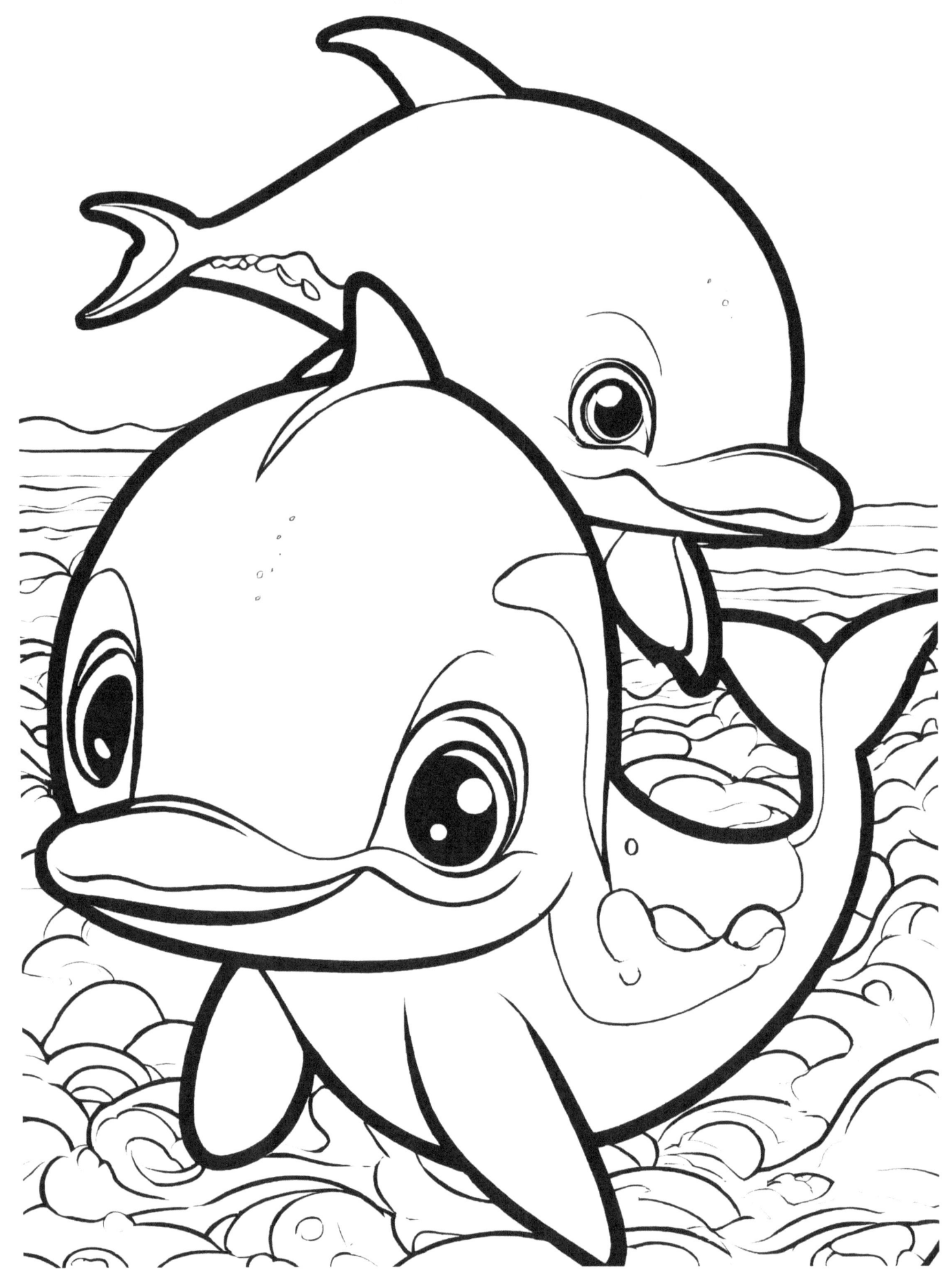

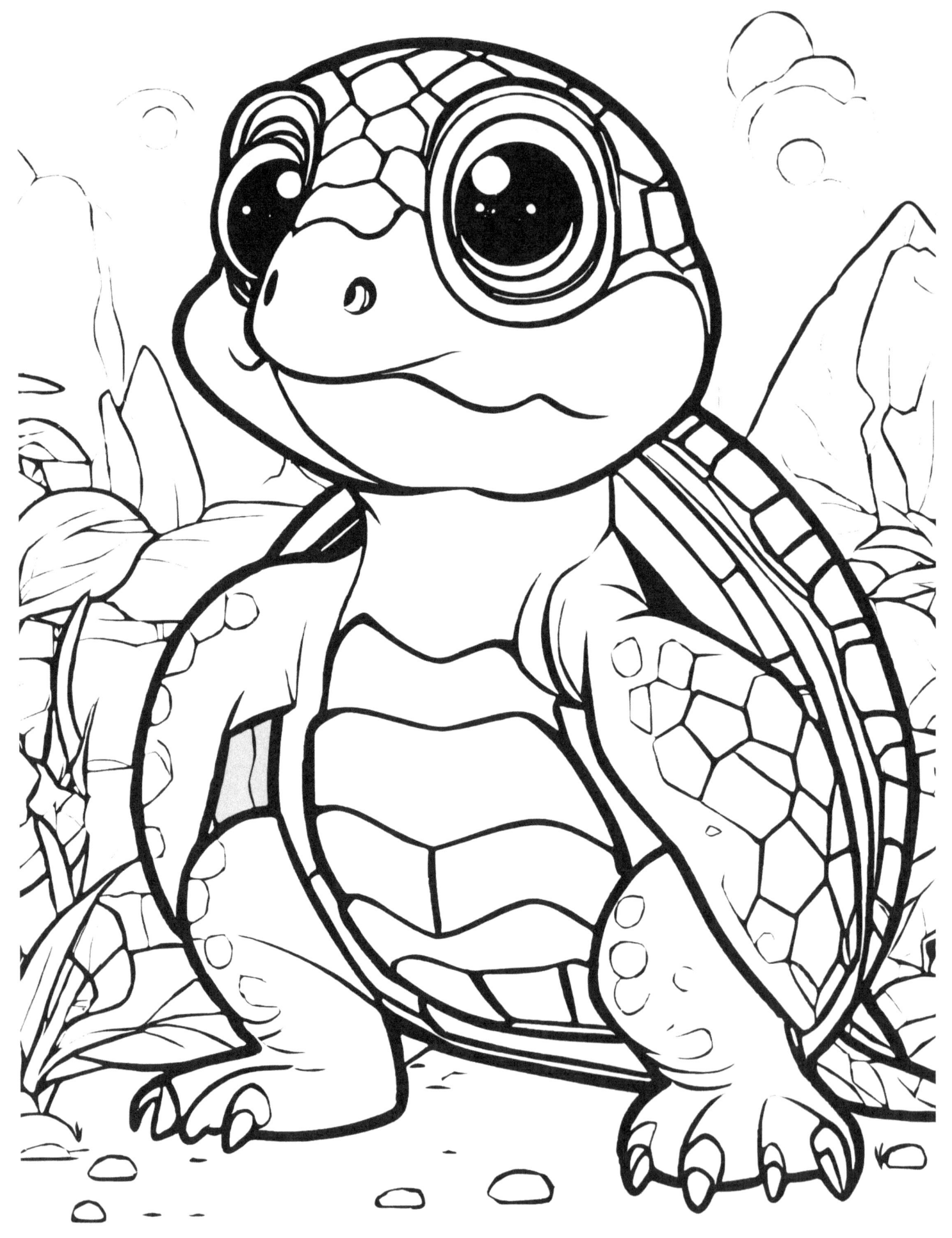

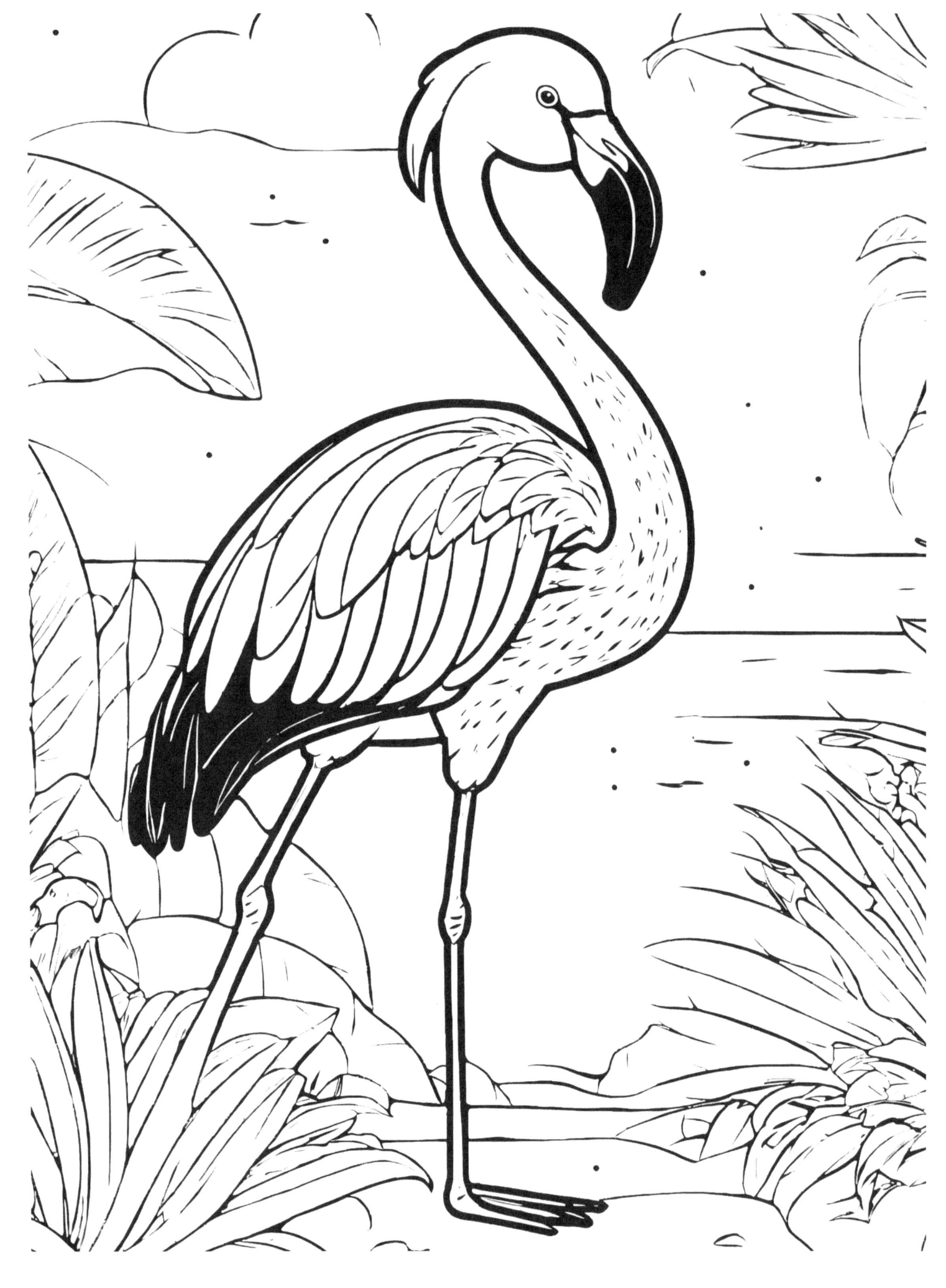

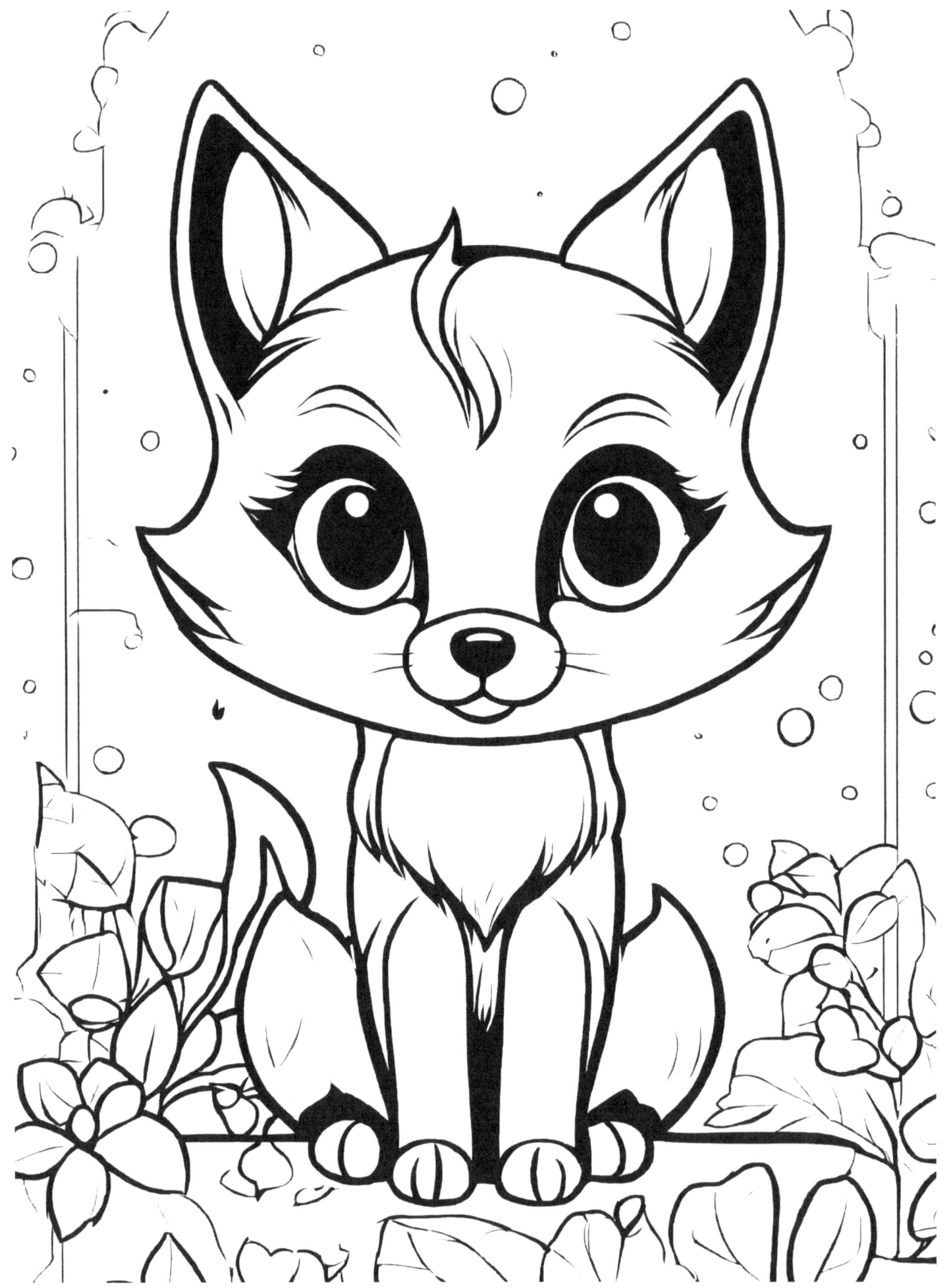

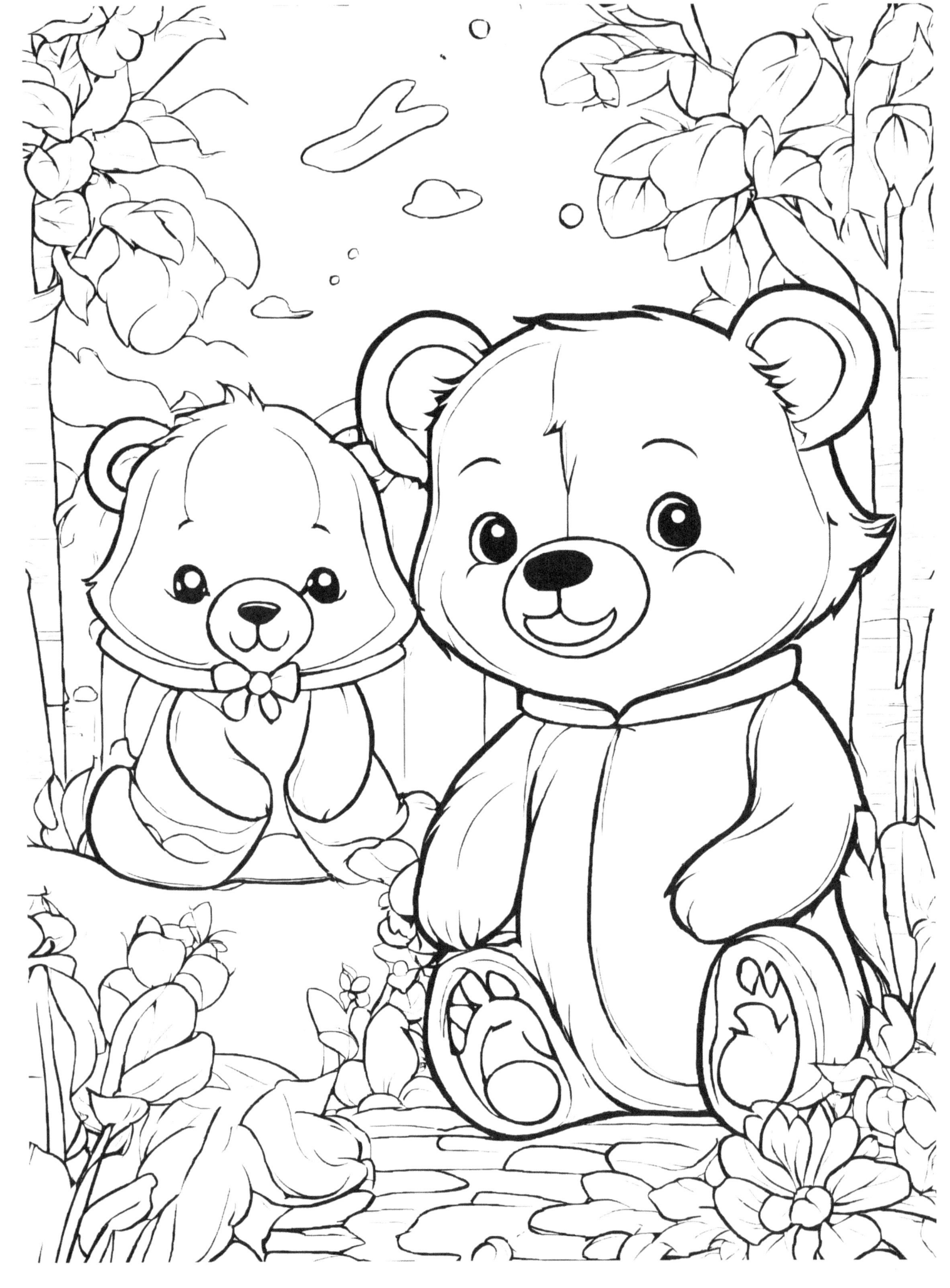

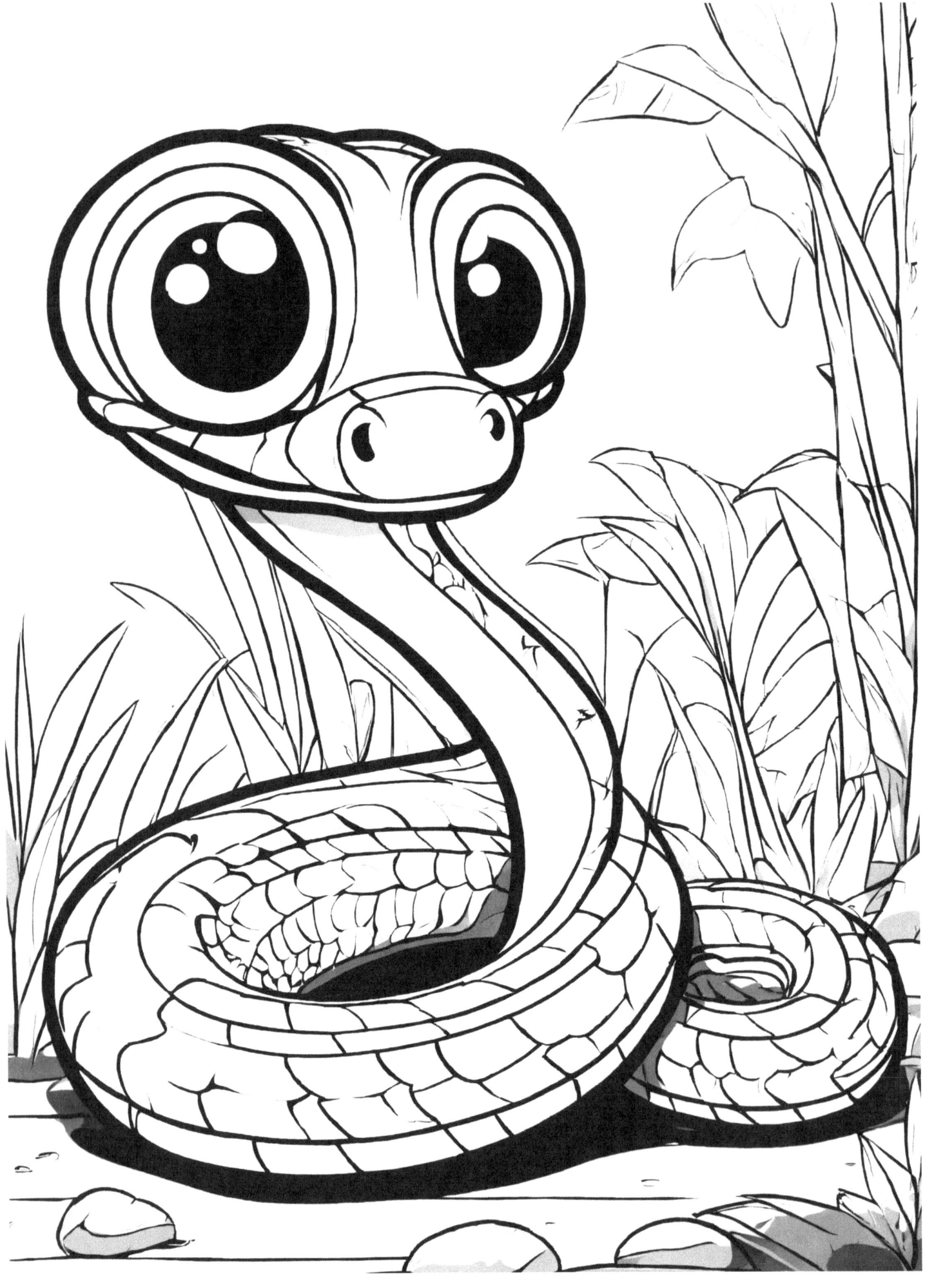

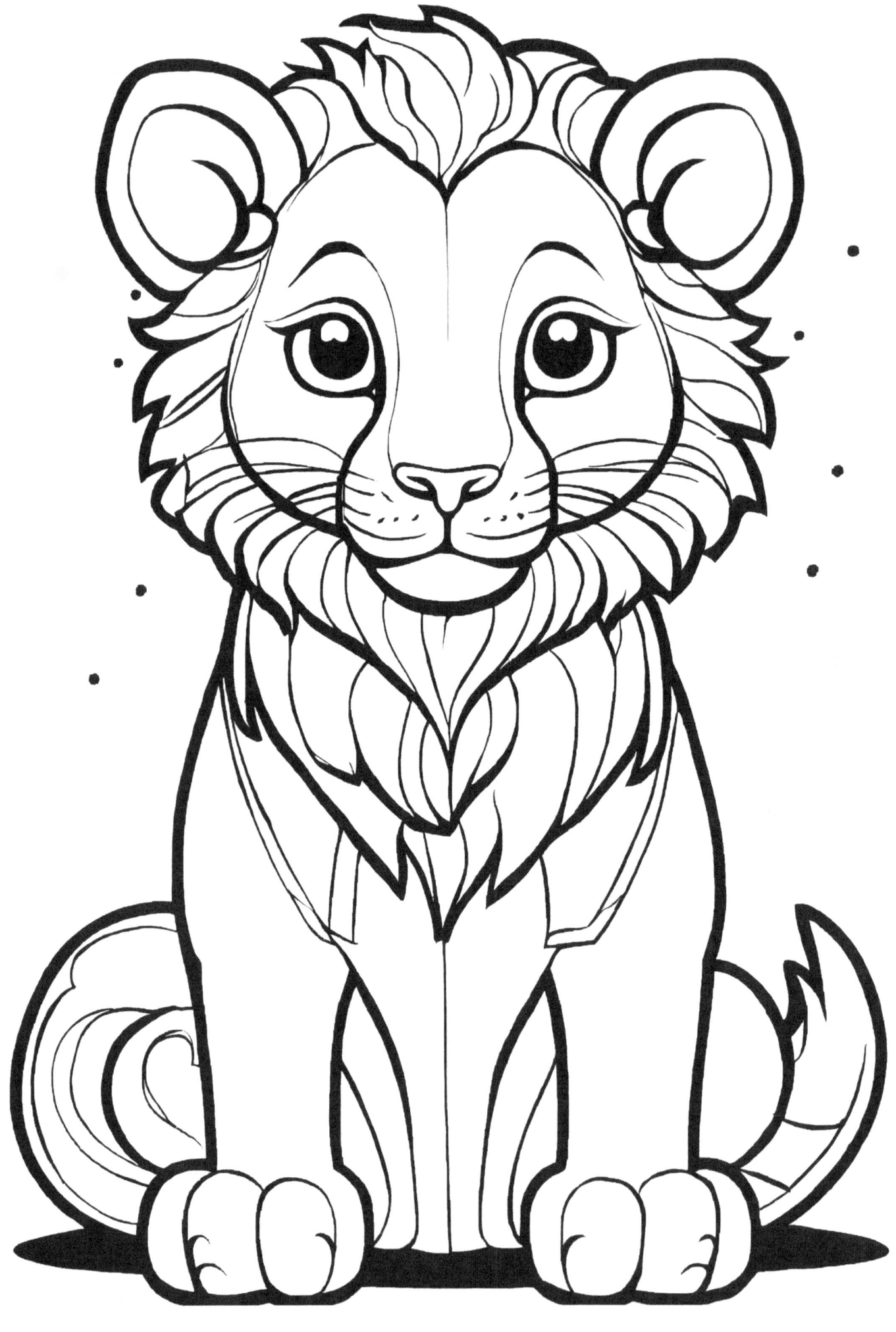

www.ingramcontent.com/pod-product-compliance
Lightning Source LLC
Chambersburg PA
CBHW081019240526
45471CB00017B/3447